BEI GRIN MACHT SICH IHR
WISSEN BEZAHLT

Bibliografische Information der Deutschen Nationalbibliothek:

Die Deutsche Bibliothek verzeichnet diese Publikation in der Deutschen National-
bibliografie; detaillierte bibliografische Daten sind im Internet über http://dnb.d-
nb.de/ abrufbar.

Impressum:

Copyright © 2017 GRIN Verlag, Open Publishing GmbH
Druck und Bindung: Books on Demand GmbH, Norderstedt Germany
ISBN: 9783668619845

Dieses Buch bei GRIN:

https://www.grin.com/document/387340

Eduard Buscholl

Die Behandlung immaterieller Wirtschaftsgüter in der Handels- und Steuerbilanz

GRIN Verlag

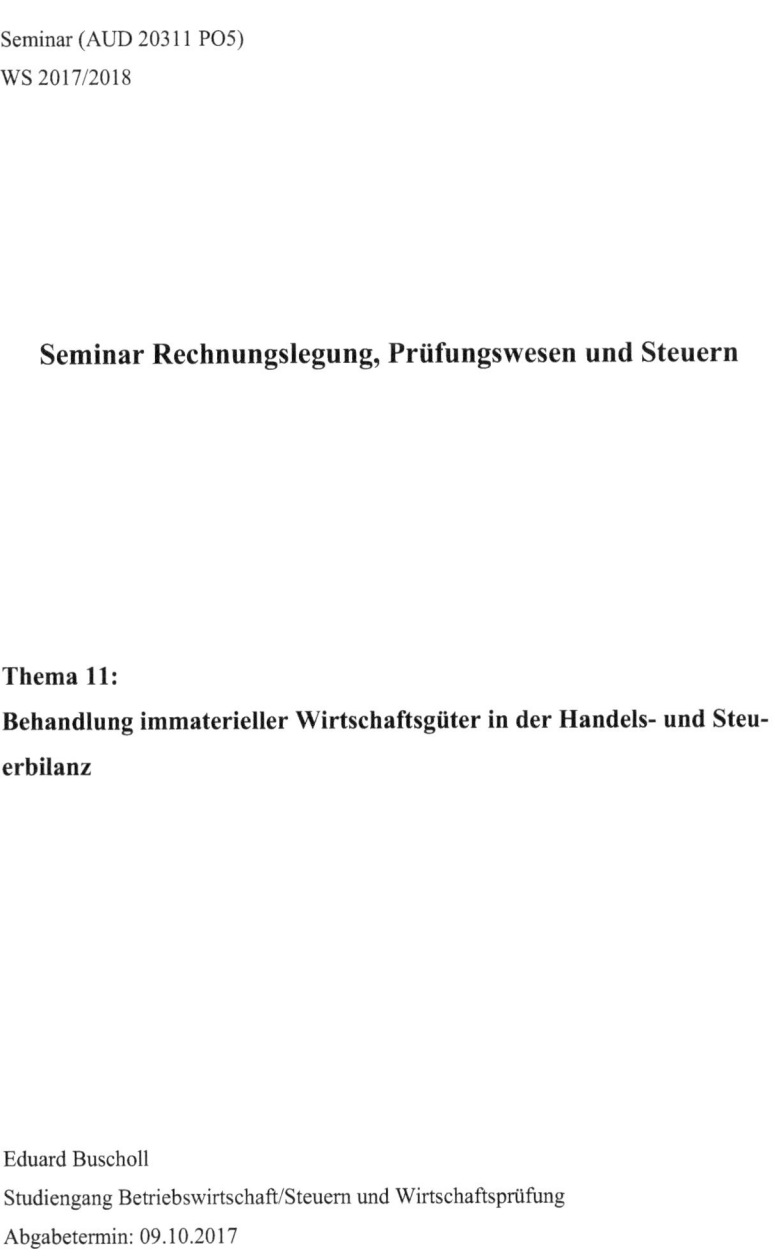

Seminar (AUD 20311 PO5)

WS 2017/2018

Seminar Rechnungslegung, Prüfungswesen und Steuern

Thema 11:

Behandlung immaterieller Wirtschaftsgüter in der Handels- und Steuerbilanz

Eduard Buscholl

Studiengang Betriebswirtschaft/Steuern und Wirtschaftsprüfung

Abgabetermin: 09.10.2017

Inhaltsverzeichnis

I

Abkürzungsverzeichnis[1]

a.a.O.	am angeführten Ort
AfA	Absetzung für Abnutzung
AHK	Anschaffungs- und Herstellungskosten
Beck Bil-Kom	Beck'scher Bilanz-Kommentar
BFH	Bundesfinanzhof
BilMoG	Bilanzmodernisierungsgesetz
BilRUG	Bilanzrichtlinie-Umsetzungsgesetz
BMF	Bundesministerium für Finanzen
GoB	Grundsätze ordnungsgemäßer Buchführung
GOF	Geschäfts- oder Firmenwert
GuV	Gewinn- und Verlustrechnung
HK	Herstellungskosten
IP	Intellectual Property
IFRS	International Financial Reporting Standards
m.w.N.	mit weiteren Nachweisen
VG	Vermögensgegenstand
WG	Wirtschaftsgut

---

[1] Darüber hinaus gelten alle im allgemeinen Schriftverkehr gebräuchlichen Abkürzungen. Das Gilt auch für die im Handels- und Steuerrecht anzutreffenden Abkürzungen der Einzelgesetze (AO, EStG, HGB, KStG, UStG u.a.).

Abbildungs- und Tabellenverzeichnis

1 Problemstellung

„Digitale Transformation", „Big Data" und „Cyber Security" stehen heute nicht nur auf der Tagesordnung international agierender Konzerne weit oben, sondern sind längst auch auf dem Radar von mittelständischen Unternehmen[2] sowie im Öffentlichen Sektor[3] aufgetaucht. Mag es auf den ersten Blick schwerfallen, diese Begriffe einer eindeutigen Kategorie zuzuordnen, kann man sich gut vorstellen, dass auch ihr Weg in die Handelsbücher keine so klare Sache ist. Die Begründung liegt darin, dass die meisten Produkte oder Dienstleistungen aus diesen Bereichen in Eigenleistung erbracht oder von Dritten eingekauft werden müssen und einen immateriellen Charakter besitzen. Dabei handelt es sich um abstrakte Güter wie Rechte, Lizenzen, Patente oder gar Marken. Die Marschrichtung des Wettbewerbs ist eindeutig auf Industrie 4.0 getrimmt und am Ende kann diesen nur der Unternehmer für sich entscheiden, der die innovativste „Intellectual Property (IP)" besitzt.[4] Um solche strategischen Wettbewerbsvorteile ausschöpfen zu können, wird daher eine intensive Auseinandersetzung mit immateriellen Vermögensgegenständen (VG) und ihrer richtigen Behandlung im Jahresabschluss[5] immer wichtiger.

Auch der Gesetzgeber erkannte diese Entwicklung und bestätigte die zunehmende Relevanz von immateriellen Werten für Unternehmen durch die Einführung des Bilanzmodernisierungsgesetzes (BilMoG), welches am 29. Mai 2009 in Kraft getreten ist.[6]

Diese Hausarbeit befasst sich in Kapitel 2 zunächst mit den Begriffsbestimmungen des Handels- und Steuerrechts. Kapitel 3 gibt einen Einblick in die Bilanzkonzeption und legt dabei den Schwerpunkt auf die Ansatz- und Bewertungsvorschriften von immateriellen Vermögengegenständen bzw. -Wirtschaftsgütern (WG) in der jeweiligen Bilanz. Mit einer kurzen Fazit wird die Ausarbeitung abgeschlossen.

---

[2] Vgl. Pricewaterhouse Coopers GmbH (URL2017).
[3] Die jüngsten Hacker-Angriffe auf kommunale Krankenhäuser in Großbritannien und Deutschland sowie angebliche Wahlmanipulationen in den USA verdeutlichen den Handlungsbedarf bei der digitalen Datensicherheit.
[4] Geistiges Eigentum (IP) zählt zunehmend als Werttreiber der Unternehmen, vgl. Heinz (2017), S. 150.
[5] Der Jahresabschluss umfasst mindestens die Bilanz und die Gewinn- und Verlustrechnung (GuV), s. § 242 (3) HGB.
[6] Vgl. Ossola-Haring (2013), S. 3, oder auch Schildbach (2013), S. 187.

2 Begriffsbestimmungen

2.1 Immaterieller Vermögensgegenstand

Allgemein sind im Handelsrecht die Objekte der Bilanzierung Vermögensgegenstände. Ferner bezeichnet man mit immateriellen Vermögensgegenständen Werte, „deren wirtschaftlicher Gehalt weder durch eine physische Substanz, noch durch einen monetären Anspruch verkörpert wird."[7] Zu ihnen gehören alle unkörperlichen Werte, die weder einer Sachanlage noch einer Finanzanlage zugeordnet werden (müssen) oder VG des Umlaufvermögens sind.[8] Hierzu zählen konkret (a.a.O.):

- Konzessionen (z.B. Betriebs- und Versorgungsrechte, Wegerechte)
- Gewerbliche Schutzrechte (z.B. Patente, Warenzeichen, Marken-, Urheber- und Verlagsrechte sowie Geschmacks- und Gebrauchsmuster)
- Ähnliche Rechte und Werte (z.B. Wohn-, Belieferungs-, Zuteilungsrechte, Nießbrauch, Emissionsrechte, Lizenzen an solchen Rechten und Werten, sowie rein wirtschaftliche Werte (z.B. ungeschützte Erfindungen, Rezepturen, Auftragsbestände)
- Geschäfts- oder Firmenwert (GOF)[9]
- Geleistete Anzahlungen[10]

In der Praxis kann es sich jedoch als schwierig erweisen eine klare Abgrenzung zum Sachanlagevermögen zu finden, sofern materielle- und immaterielle VG mit einander verknüpft sind. Dies liegt vor, wenn sich die immateriellen Bestandteile nicht funktions- oder wertmäßig trennen lassen können (z.B. ein Erbbaurecht auf einem Grundstück) oder nicht von untergeordneter Bedeutung sind. Insofern entscheidet jene Komponente, auf der das wirtschaftliche Interesse des Unternehmens liegt, über die korrekte Zuordnung.[11]

---

[7] Vgl. Beck Bil-Komm/Usinger/Schmidt, HGB § 248 Rdnr. 10.

[8] Vgl. Beck Bil-Komm/F. Huber/Schubert, HGB § 247 Rdnr. 372.

[9] Seit BilMoG zählt der entgeltlich erworbene (derivative) GOF als zeitlich begrenzt nutzbarerer VG, sofern er im Rahmen eines „Asset Deal", also bei einer Gesamtrechtsnachfolge gegen Zahlung eines Gesamtkaufpreises, übernommen wurde. Der selbst geschaffene (originäre) GOF; im Zuge eines Beteiligungserwerbs (Share Deal), erfüllt hingegen nicht die Aktivierungsvoraussetzungen der §§ 246 (1) S.1 und 248 (2) S.1 HGB und darf daher nicht angesetzt werden. Vgl. Beck Bil-Komm/Ries/Schmidt, HGB § 246 Rdnr. 82.

[10] Anders als die zuvor genannten VG, verkörpern „geleistete Anzahlungen auf immaterielle VG" jedoch einen monetären Anspruch. Vgl. Beck Bil-Komm/Andrejewski/Roscher/Schubert, HGB § 253 Rdnr. 388.

[11] Vgl. dies., HGB § 253 Rdnr. 380.

2.2 Immaterielles Wirtschaftsgut

Gemäß des Maßgeblichkeitsprinzips nach § 5 (1) EStG, folgt auch das WG der Rahmenkonzeption des HGB und ist nach den Grundsätzen ordnungsgemäßer Buchführung (GoB) zu erfassen. Somit knüpft der Begriff „Wirtschaftsgut", der rein steuerlich Gebrauch findet,[12] an das handelsrechtliche Synonym „Vermögensgengenstand" an.[13] Dies gilt insbesondere für den Einzelbewertungsgrundsatz, das Realisationsprinzip, die Periodisierung und das Imparitätsprinzip (ebd.). Unklar ist jedoch der Grad der Übereinstimmung beider Begriffe, da die BFH Rechtsprechung diesbezüglich widersprüchliche Urteile gefällt hat (ebd.). Ein Beleg hierfür ist die Auffassung, dass ein Mitunternehmeranteil an einer Personengesellschaft zwar VG ist, nicht jedoch WG sei. Auch die Ansicht, dass es bei der Identifizierung eins WG eher auf den wirtschaftlichen Gehalt ankommt, als auf die Erfüllung der Aktivierungskriterien, lässt vermuten, dass der Begriff des „positiven WG", trotz der handelsrechtlichen Maßgeblichkeit weiter gefasst ist als der Begriff des VG.[14] Weitere Eigenschaften, die auf ein positives WG deuten finden sich in H 4.2 (1) EStR: „Wirtschaftsgüter sind Sachen, Rechte oder tatsächliche Zustände, konkrete Möglichkeiten oder Vorteile für den Betrieb, deren Erlangung der Kaufmann sich etwas kosten lässt, die einer besonderen Bewertung zugänglich sind und zumindest mit dem Betrieb übertragen werden können. Der Begriff des Wirtschaftsgutes setzt nicht voraus, dass es dem Betrieb einen Nutzen für mehrere Jahre bringt."

Ein immaterielles WG liegt zudem vor, wenn es unkörperlich ist, also nicht aus Materie besteht.[15] Bilden jedoch Komponenten aus beiden Kategorien (materiell und immateriell) eine geschlossene Einheit, findet sich auch in diesem Fall die korrekte Zuordnung nach dem im Vordergrund stehenden Element. Für die Bestimmung eines immateriellen WG bedeutet dies, dass der Schwerpunkt des Objekts auf seinem geistigen Gehalt basiert und die körperliche Beschaffenheit nachrangig ist.[16] Neben den bereits aus § 266 (2) A I 1 HGB aufgeführten Beispielen für immaterielle WG (= VG wegen der Maßge-

---

[12] Vgl. BFH GrS 2/99 (v. 7.8.2000, BStBl II 00, 632, 635): „Zweckschöpfung des StR".
[13] Vgl. Blümich/Krumm, EStG § 5 Rdnr. 303-309b m.w.N.
[14] Siehe „3.1.1 Abstrakte Bilanzierungsfähigkeit".
[15] Vgl. Blümich/ders., EStG § 5 Rdnr. 531-533a m.w.N. Der gesamte weitere Absatz sowie die Aufzählung beziehen sich auf diese Quelle.
[16] Als Beispiele werden a.a.O. genannt: „Tonträger bei einer Schallplattenproduktion, das mit der Entwicklung technischer Geräte verbundene Wissen (know-how) einschließlich Prototypen (Fertigungsmuster) sowie Schaltplänen sowie Dateien mit dem zugehörigen Datenträger."

blichkeit), hat die Rechtsprechung einen umfangreichen Katalog entwickelt, der hier auszugsweise dargestellt wird:

- der Geschäftswert und der Praxiswert[17]
- u. U. Kundenstamm bzw. Kundenkartei sowie ein Auftragsbestand
- Gewinnchancen, z. B. aus schwebenden Verträgen
- durch die verbandsrechtliche Spielerlaubnis gesicherte exklusive Nutzungsmöglichkeit eines Lizenzfußballspielers
- Bitcoins

2.3 Entgeltlicher Erwerb

Sowohl das Handels-, als auch das Steuerrecht, verlangen eine Aktivierungspflicht bei entgeltlich erworbenen immateriellen Werten.[18] R 5.5 EStR definiert diesen Erwerbsvorgang wie folgt: „Ein immaterielles Wirtschaftsgut ist entgeltlich erworben worden, wenn es durch einen Hoheitsakt oder ein Rechtsgeschäft gegen Hingabe einer bestimmten Gegenleistung übergegangen oder eingeräumt worden ist."

3 Bilanzierungskonzeption

Die Konzeption der handelsrechtlichen (und wie gesehen auch steuerrechtlichen-) Bilanzierung richten sich nach den GoB, die als unbestimmter Rechtsbegriff gelten und in erster Linie nach den Zweckbestimmungen der Handelsbilanz ausgelegt werden müssen.[19] Zweck ist es, einen ausschüttbaren Gewinn festzustellen, der so vorsichtig ermittelt sein muss, dass der Fortbestand des Unternehmens gesichert ist. Dies soll vor allem dem Schutz der Gläubiger und Eigentümer dienen. Aus diesem Grund ist es auch nicht verwunderlich, dass unter den kodifizierten GoB vor allem das Vorsichtsprinzip[20] eine bedeutende Rolle spielt.

---

[17] Die Aktivierungspflicht des derivativen GOF findet sich nach § 5 (2) EStG.
[18] Handelsrechtlich lässt sich dies aus den Vollständigkeitserfordernissen (= GoB) des § 246 (1) S. 1 HGB ableiten, Aus § 5 (2) EStG deutet das Aktivierungsverbot für immaterielle WG durch seine negative Formulierung, auf das Aktivierungsgebot für entgeltlich erworbene immaterielle WG hin.
[19] Vgl. Blümich/Krumm, EStG § 5 Rdnr. 209-214 m.w.N.
[20] § 252 (1) Nr.4 HGB: Hieraus kann das Imparitätsprinzip (1. HS) und das Realisationsprinzip (2. HS) abgeleitet werden, vgl. Beck Bil-Komm/Büssow/Winkeljohann HGB § 252 Rdnr. 34-49.

3.1 Ansatzvorschriften

3.1.1 Abstrakte Bilanzierungsfähigkeit von VG in der Handelsbilanz

Dem Grunde nach kann ein (immaterieller) VG nur dann aktiviert werden, wenn er die Kriterien der abstrakten Bilanzierungsfähigkeit erfüllt. Diese definieren, welche Eigenschaften ein VG besitzen muss:[21]

- **Wirtschaftlicher Nutzen für das Unternehmen**
- **Selbstständig Bewertbar**
- **Selbstständig Verwertbar**

Vor allem bei immateriellen VG hat der Begriff der Einzelverwertbarkeit eine größere Bedeutung als bei Sachanlagevermögen, da für körperliche Gegenstände schon bei einer Einzelveräußerbarkeit das (einzel-) Verkehrsfähigkeits-Kriterium erfüllt ist. Die Verwertbarkeit beinhaltet nämlich unter anderem die Möglichkeit der Nutzungsüberlassung, was beim Handel mit Rechten oder Lizenzen unabdingbar ist. In Folge wäre beim Vorliegen der Einzelverwertbarkeit auch das Kriterium des „wirtschaftlichen Vorteils" für das Unternehmen gegeben, der sich in einem monetären Ausgleich wiederspiegelt.

Das Kriterium der „selbstständigen Bewertbarkeit" von immateriellen VG lässt sich unter Umständen nicht so eindeutig bestimmen, weshalb der Gesetzgeber hier ausdrückliche Ansatzverbote und -Wahlrechte nennt.[22]

3.1.2 Abstrakte Bilanzierungsfähigkeit von WG in der Steuerbilanz

Neben den Aktivierungskriterien des Handelsrechts, die wegen § 5 (1) EStG auch auf die steuerlichen Kriterien abfärben müssten, kommt es für die Aktivierungsfähigkeit immaterieller WG lediglich auf eine „besondere Bewertbarkeit" (anstelle der Einzelbewertbarkeit) an.[23] Dies ist gegeben, wenn bei einer Unternehmensveräußerung ein Erwerber, im Rahmen des Gesamterwerbs, ein gesondertes Entgelt für das WG ansetzen würde (ebd.). Darüber hinaus kommt es für den Bilanzansatz in diesem Schritt auch noch auf die weiteren Merkmale des WG-Begriffs aus dem bereits zitierten H 4.2 (1) EStR an.

---

[21] Vgl. Beck Bil-Komm/F. Huber/Schubert HGB § 247 Rdnr. 376-379.
[22] Vgl. § 248 (2) HGB. Erläuterung siehe „3.1.2 Konkrete Bilanzierungsfähigkeit".
[23] Vgl. Blümich/Krumm, EStG § 5 Rdnr. 303-309b m.w.N.

3.1.3 Konkrete Bilanzierungsfähigkeit

Für die Frage ob ein immaterieller Wert in der Bilanz angesetzt wird, ist zusätzlich zu klären, wem das wirtschaftliche Eigentum zuzurechnen ist, was zum Privatvermögen und was zum Betriebsvermögen des Unternehmers gehört und ob es gesetzliche Regelungen gibt, die eine Aktivierung fordern, verbieten oder erlauben.[24]

- **Persönliche Zuordnung des Vermögenswerts**[25]

§ 246 (1) S. 2 HGB verlangt, dass Vermögensgegenstände in der Bilanz des wirtschaftlichen Eigentümers aufzunehmen sind. Eine konkrete Definition des „wirtschaftlichen Eigentums", lässt das HGB allerdings vermissen. Hier muss der Bilanzierer Rückgriff auf die steuerliche Definition nehmen. Gemäß § 39 (2) AO ist wirtschaftlicher Eigentümer derjenige, der über das Wirtschaftsgut eine derartige Sachherrschaft ausübt, die den zivilrechtlichen Eigentümer über die gewöhnliche Nutzungsdauer vom Zugriff auf das WG ausschließt. Das bedeutet, dass der Ertrag, welcher aus dem WG resultiert, nur dem wirtschaftlichen Eigentümer zufließt.

- **Sachliche Zuordnung des Vermögenswerts**[26]

Besonders bei Einzelunternehmen verschwimmen oftmals die Sphären zwischen privat- und betrieblich veranlassten Zahlungsströmen. Handelsrechtlich richtet sich die Zuordnung nach dem äußerlich erkennbaren Willen des Einzelkaufmanns. Lässt sich dieser jedoch nicht klar bestimmen, und kann auch aufgrund der tatsächlichen Nutzung des VG oder durch rechtliche oder faktische Gegebenheiten nicht eindeutig geklärt werden wie der VG zu behandeln ist, wird auf das zugrundeliegende Rechtsgeschäft abgestellt und der VG im Zweifel dem Handelsgewerbe zugeordnet (§ 344 HGB). In Anlehnung an R 4.2 EStR, untergliedert man steuerrechtlich in „notwendiges Betriebsvermögen"[27], „notwendiges Privatvermögen"[28] und „gewillkürtes Betriebsvermögen"[29], um so zu einem korrekten Ansatz zu gelangen.

---

[24] In Anlehnung an Scholz (2017), S. 61-70.
[25] A.a.O.
[26] Vgl. Beck Bil-Komm/Schmidt/Ries, HGB § 246 Rdnr. 55-66.
[27] Als notwendiges Betriebsvermögen gelten WG, die ausschließlich und unmittelbar für eigenbetriebliche Zwecke des Steuerpflichtigen genutzt werden oder dazu bestimmt sind. Ist deren eigenbetriebliche Nutzung größer als 50 %, gelten sie in vollem Umfang als notwendiges Betriebsvermögen.
[28] Bei notwendigem Privatvermögen ist die private Nutzung größer als 10 %.
[29] „WG, die in einem gewissen objektiven Zusammenhang mit dem Betrieb stehen und ihn zu fördern bestimmt und geeignet sind, können als gewillkürtes Betriebsvermögen behandelt werden." Wird das

- **Gesetzliche Ansatzvorschriften**

Grundsätzlich gilt ein steuerliches Aktivierungsgebot, sofern handelsrechtlich ein Aktivierungswahlrecht besteht (BFH v. 3.2.1969, BStBl. II 1969, S. 291).[30] Eine Abweichung findet sich jedoch unter anderem bei „selbstgeschaffenen immateriellen VG des
Anlagevermögens". Seit BilMoG gestattet hier § 248 (2) HGB ein Ansatzwahlrecht,
behält aber in Satz 2 ein ausdrückliches Aktivierungsverbot für selbstgeschaffene Marken, Drucktitel, Verlagsrechte, Kundenlisten und vergleichbare immaterielle VG des
Anlagevermögens bei.[31] Zudem gilt gem. § 255 (2a) S. 4 HGB ein Aktivierungsverbot
für Entwicklungskosten, sofern diese nicht verlässlich von Forschungskosten getrennt
werden können.[32] Weiterhin gilt es für Kapitalgesellschaften zu beachten, dass die Aus-
übung des handelsrechtlichen Wahlrechts gem. § 268 (8) HGB mit einer Ausschüt-
tungssperre verbunden ist (ebd.). Im Steuerrecht tritt bei selbsterstellten immateriellen
WG des Anlagevermögens anstelle des Aktivierungsgebotes, ein Aktivierungsverbot (§
5 (2) EStG), was handelsbilanziell zu passiven Steuerlatenzen und zu steuerbilanziellen
Anpassungen führt (ebd.). Das steuerliche Aktivierungsverbot gilt jedoch nicht bei einem unentgeltlichen Rechtsträgerwechsel gem. § 6 (3) EStG, sofern das immaterielle
WG des Anlagevermögens beim Rechtsvorgänger aktiviert war. Ebenso findet kein Aktivierungsverbot statt, wenn das immaterielle WG des Anlagevermögens eingelegt wird
(s. R 5.5 (3) EStR).

Konnten alle Ansatzkriterien geklärt werden stellt sich nun die Frage der Bewertung.

3.2 Bewertungsvorschriften im Zugang und in der Folge

3.2.1 Zugangsbewertung zu Anschaffungskosten

Der Bewertungsmaßstab bei entgeltlich erworbenen (immateriellen) Werten, richtet sich
nach den Anschaffungskosten.[33] Diese werden durch § 255 (1) HGB[34] definiert und be-
inhalten „Aufwendungen, die geleistet werden, um einen Vermögensgegenstand zu er-

---

WG mindestens 10 % bis zu 50 % betrieblich genutzt, kann es ebenfalls als gewillkürtes Betriebsvermögen behandelt werden.

[30] Vgl. Stobbe (2017), S. 137.

[31] Vgl. Beck Bil-Komm/F. Huber/Schubert HGB § 247 Rdnr. 375. Als Begründung für die Aufrechterhal-
tung des Verbots, verweist der Gesetzgeber auf die fehlende selbstständige Bewertbarkeit dieser Güter,
vgl. a.a.O. Rdnr. 378.

[32] Vgl. Schildbach (2013), S. 202. Nähere Erklärung s. „3.2.2 Zugangsbewertung zu Herstellungskosten".

[33] Vgl. Stobbe (2017), S. 137-138. Mangels steuerrechtlicher Definition gilt § 255 HGB auch für die
Steuerbilanz.

[34] Steuerrechtlich nach §6 (1) S.1 EStG.

werben und ihn in einen betriebsbereiten Zustand zu versetzen, soweit sie dem Vermögensgegenstand einzeln zugeordnet werden können. Zu den Anschaffungskosten gehören auch die Nebenkosten sowie die nachträglichen Anschaffungskosten. Anschaffungspreisminderungen, die dem Vermögensgegenstand einzeln zugeordnet werden können, sind abzusetzen."

Folgendes Schaubild soll den eben beschriebenen Ermittlungsweg visualisieren:

Abbildung 1: Zusammensetzung der Anschaffungskosten nach § 255 (1) HGB

+ **Anschaffungspreis**	Vertragliches Entgelt ohne abzugsfähige Vorsteuer
./. **Anschaffungspreis- minderungen**	Rabatte, Boni, Skonti, Preisminderungen, evtl. Zuschüsse
+ **Anschaffungsnebenkosten (um betriebsbereiten Zustand zu erreichen)**	Gutachten-, Transport-, Verpackungskosten, Vermittlungsprovisionen, Zölle Montage, Probeläufe, Abnahme, Einbau, Installation
= **Ursprüngliche Anschaffungskosten**	
+ **nachträgliche Anschaffungskosten**	Nachträgliche Kaufpreisänderungen, Boni Straßenanlieger-, Erschließungs-, Kanalanschlussbeiträge Aufwendungen für Anbauten, Erweiterungen
▪ **Anschaffungskosten**	

Quelle: Scholz (2017), S. 75, ähnlich Stobbe (2017), S. 138.

Bei den Anschaffungsnebenkosten gilt es noch zu beachten, dass diese als Einzelkosten identifizierbar sein müssen um aktivierungsfähig zu sein.[35]

3.2.2 Zugangsbewertung zu Herstellungskosten

Wird ein immaterieller VG nicht entgeltlich erworben, besteht wie schon erwähnt in der Handelsbilanz ein Aktivierungswahlrecht für bestimmte Kostenarten. Allgemein werden Herstellungskosten in § 255 (2) HGB definiert, als „Aufwendungen, die durch den Verbrauch von Gütern und die Inanspruchnahme von Diensten für die Herstellung eines Vermögensgegenstands, seine Erweiterung oder für eine über seinen ursprünglichen

---

[35] Vgl. Stobbe (2017), S. 138. Gemeinkosten müssen als sofortiger Betriebsaufwand in der GuV gebucht werden. Zur Unterscheidung von Einzel- und Gemeinkosten siehe „Tabelle 1: Kostenbestandteile bei der Ermittlung der Herstellungskosten in der Handels- und Steuerbilanz".

Zustand hinausgehende wesentliche Verbesserung entstehen." Im weiteren Verlauf des Gesetzestextes werden die Bestandteile der Herstellungskosten genannt, die in folgender Tabelle dargestellt sind:

Tabelle 1: Kostenbestandteile bei der Ermittlung der Herstellungskosten in der Handels- und Steuerbilanz

Kostenart	Handelsrecht (§ 255 HGB)	Steuerrecht (R 6.3 EStR)
EINZELKOSTEN (direkt zurechenbar)		
Materialeinzelkosten	PFLICHT	PFLICHT
Fertigungslöhne	PFLICHT	PFLICHT
Sondereinzelkosten der Fertigung	PFLICHT	PFLICHT
Sondereinzelkosten des Vertriebs	VERBOT	VERBOT
GEMEINKOSTEN (nicht direkt zurechenbar)		
I. Gemeinkosten des Fertigungsbereiches		
Materialgemeinkosten	PFLICHT	PFLICHT
Fertigungsgemeinkosten/Fertigungsbetriebs- und Verwaltungskosten	PFLICHT	PFLICHT
Forschungs-, Entwicklungs-, Versuchskosten, soweit sie nicht direkt fertigungsbezogen sind	VERBOT	VERBOT
Planmäßige Abschreibung der Fertigungsanlagen	PFLICHT	PFLICHT
Außerplanmäßige Abschreibung der Fertigungsanlagen	VERBOT	VERBOT
Sonderabschreibungen, Teilwertabschreibungen	VERBOT	VERBOT
Fremdkapitalzinsen des Fertigungsbereichs	**Wahlrecht**	**Wahlrecht**
Eigenkapitalzinsen des Fertigungsbereichs	VERBOT	VERBOT
Kalkulatorische Kosten	VERBOT	VERBOT
Betriebliche Altersversorgung, freiwillige Beihilfen, freiwillige Sozialleistung für Fertigungspersonal	**Wahlrecht**	**Wahlrecht**
Kosten der Unterbeschäftigung	VERBOT	VERBOT
II. Allgemeine Verwaltungskosten	**Wahlrecht**	**Wahlrecht**
III. Gemeinkosten des Vertriebsbereichs	VERBOT	VERBOT
IV. Steuern vom Gewinn und Vermögen	VERBOT	VERBOT
V. Kalkulatorische Kostenarten	VERBOT	VERBOT

Quelle: Eigene Darstellung nach Stobbe (2017), S. 139-140.

Seit dem Veranlagungsreitraum 2016 müssen Kosten für die betriebliche Altersversorgung, freiwillige Beihilfen und -Sozialleistungen für Mitarbeiter der Fertigung sowie die allgemeinen Verwaltungskosten, wie z.B. Kosten der Geschäftsleitung, des Einkaufs oder des Rechnungswesens, nicht mehr in die steuerlichen Herstellungskosten einbezogen werden.[36] Ab dem Veranlagungszeitraum 2013 konnte es zu unterschiedlichen Wertansätzen kommen, da die Finanzverwaltung die Einbeziehungswahlrechte der eben genannten Kosten zu Einbeziehungspflichten in der Steuerbilanz umqualifizierte, was jedoch wiederum durch einen Nichtanwendungserlass des BMF (v. 23.3.2013, BStBl. I 2013, S. 296) neutralisiert wurde.[37] Allerdings spielt dies bei der Betrachtung selbsterstellter immaterieller WG keine Rolle, da diese steuerlich ohnehin nicht aktiviert werden dürfen![38]

Von besonderer Bedeutung ist hingegen der mit dem BilMoG eingeführte § 255 (2a) HGB, der bei verlässlicher Trennung von Entwicklungs- und Forschungskosten, eine Aktivierung der Entwicklungskosten für selbsterstellte immateriellen VG des Anlagevermögens in der Handelsbilanz erlaubt. Fraglich ist jedoch, wo eine klare Trennlinie zwischen der Forschungs- und Entwicklungsphase zu ziehen ist, wenn man bedenkt, dass diese beiden Tätigkeitsfelder im Sinne eines iterativen Prozesses in einander übergehen.[39]

3.2.3 Folgebewertung in der Handelsbilanz

Ist ein immaterieller VG korrekt aktiviert, entscheidet die voraussichtliche Nutzungsdauer über den Werteverzehr. Dieser ist anhand eines Abschreibungsplans darzustellen und sowohl in der Bilanz, als auch in der GuV zu berücksichtigen (§ 253 (3) HGB). Voraussetzung dafür ist allerdings, dass die Nutzungsdauer der VG begrenzt ist. Die „planmäßige Abschreibung" führt zu einem Aufwand in der GuV und hat folgende Funktionen:[40]

---

[36] Der neu eingeführte § 6 Abs. 1 Nr. 1b EStG verhindert nun eine Abweichung bei der Ermittlung der HK zwischen Handels- und Steuerbilanz, denn auch ein rein steuerliches Wahlrecht kann wegen der Maßgeblichkeit nicht alleine ausgeübt werden. Vgl. auch Gesetz zur Modernisierung des Besteuerungsverfahrens vom 18.7.2016 (BGBl. I S. 1695), kommentiert durch Beck'sches Steuerberater-Handbuch/Zwirner/Tippelhofer, Rdnr. 83q.
[37] Vgl. Stobbe (2017), S. 138.
[38] Vgl. Beck Bil-Komm/Roscher/Schubert/Andrejewski HGB § 253 Rdnr. 381. Des Weiteren sei hier auf die steuerliche Herstellungskostenuntergrenze und -obergrenze verwiesen, auf die mangels Aktivierungsfähigkeit selbst erstellter immaterieller WG nicht weiter eingegangen wird.
[39] Vgl. Schildbach (2013), S. 188. Zustimmend Beck Bil-Komm/Pastor/Schubert HGB § 255 Rdnr. 488.
[40] In Anlehnung an Scholz (2017), S. 105.

- Verbesserung des Vermögensausweises durch nutzungsbedingten Werteverzehr[41]
- Periodengerechter Erfolgsausweis durch Periodisierung des Aufwands[42]
- Finanzierungs- und Kapitalerhaltungsfunktion[43]

Als Bemessungsgrundlage für die Abschreibung gelten die Anschaffungs- oder Herstellungskosten (AHK), vermindert um einen Restwert, sofern dieser verlässlich bestimmt werden kann und betragsmäßig von Bedeutung ist.[44] Die Nutzungsdauer ist für jeden immateriellen VG individuell zu bestimmen und richtet sich nach rechtlichen, wirtschaftlichen und sonstigen Faktoren.[45] Allerdings wird der Schätzungsspielraum bei der Nutzungsdauer von den GoB begrenzt und muss regelmäßig überprüft werden (ebd.). Die Abschreibungsmethode ist dabei so zu wählen, dass der Werteverzehr ein reelles Bild der Nutzung wiederspiegelt (a.a.O.).[46]

Kann in Ausnahmefällen die Nutzungsdauer eines immateriellen VG des Anlagevermögens nicht verlässlich bestimmt werden, ist eine lineare Abschreibung über 10 Jahre vorzunehmen. Selbiges gilt für den derivativen GOF (s. § 253 (3) S. 3-4).[47] Unabhängig davon, ob ein immaterieller VG des Anlagevermögens zeitlich begrenzt oder unbegrenzt nutzbar ist, sind außerplanmäßige Abschreibungen vorzunehmen, wenn ihr Buchwert bei einer dauerhaften Wertminderung zum Abschlussstichtag niedriger ist, als ihr beizulegender Wert (a.a.O.). Entfällt der Grund, der zur außerplanmäßigen Abschreibung geführt hat, verlangt § 253 (5) HGB eine erneute Zuschreibung, was jedoch nicht für den derivativen GOF gilt.

---

[41] Was gem. § 264 (2) HGB als Erfordernis an den Jahresabschluss einer Kapitalgesellschaft gilt, nämlich ein den tatsächlichen Verhältnissen entsprechendes Bild der Vermögens- Finanz- und Ertragslage zu vermitteln.

[42] Dies erfüllt zugleich das Realisationsprinzip.

[43] Der ausschüttbare Gewinn wird gemindert, wodurch Investitionsmöglichkeiten entstehen. Als Beispiel sei hier der „Lohmann-Ruchti-Effekt" genannt.

[44] In der Praxis wären das im Falle immaterieller VG z.B. Veräußerungskosten, vgl. Scholz (2017), S. 106.

[45] Als Beispiele werden der Produktlebenszyklus vergleichbarer VG genannt, vgl. Beck Bil-Komm/Roscher/Andrejewski/Schubert HGB § 253 Rdnr. 382-386.

[46] Handelsrechtlich eignet sich die degressive Abschreibung oftmals besser für diesen Zweck.

[47] Dies gilt seit Einführung des Bilanzrichtlinie-Umsetzungsgesetz - BilRUG v. 17.7.2015 (BGBl. I S. 1245) ab dem Veranlagungszeitraum 2016.

3.2.4 Folgebewertung in der Steuerbilanz

Steuerrechtlich folgt der Werteverzehr des immateriellen Betriebsvermögens einem ähnlichen Prinzip. So fordert § 7 (1) EStG eine „Absetzung für Abnutzung (AfA)" für WG deren Verwendung oder Nutzung zeitlich begrenzt ist. Für die Bemessungsgrundlage kann der Wert aus der Handelsbilanz herangezogen werden. Die betriebsgewöhnliche Nutzungsdauer wird durch AfA-Tabellen vorgegeben, welche aus Vereinfachungsgründen häufig auch auf die Handelsbilanz Anwendung finden.[48]

Als zulässige Abschreibungsmethode gilt für immaterielle WG derzeit steuerlich allerdings nur die lineare AfA.[49] Denn auch die leistungsbezogene AfA nach Satz 8 kommt wegen der „Unbeweglichkeit" immaterielle WG nicht in Betracht.[50] Der derivative GOF ist darüber hinaus zwingend, linear über 15 Jahre abzuschreiben (§ 7 (1) S. 3 EStG). Liegt eine dauernde Wertminderung vor, so kann eine Teilwertabschreibung[51] durchgeführt werden (§ 6 (1) Nr. 1 S. 2, Nr. 2 S. 2 EStG). Andernfalls käme noch eine „Absetzung für außergewöhnliche Abnutzung" nach § 7 (1) S. 7 EStG in Betracht.[52] Beim Wegfall der dauernden Wertminderung gilt es wie auch im Handelsrecht eine Zuschreibung vorzunehmen.[53] Der Vollständigkeit wegen, seien zur Folgebewertung noch die Sonderabschreibungen nach § 7a EStG und   § 7g EStG genannt.[54] Folgende Darstellung soll die Abschreibungsmöglichkeiten in beiden Bilanzkonzepten verdeutlichen:

---

[48] Wegen des Überbewertungsverbots der Aktiva ist hier in der Handelsbilanz Vorsicht geboten, sofern die steuerrechtliche Nutzungsdauer größer ist, als es handelsrechtlich angemessen wäre. Vgl. Scholz (2017), S. 107.

[49] Vgl. Beck Bil-Komm/Roscher/Andrejewski/Schubert HGB § 253 Rdnr. 382-386. Die Geometrisch-degressive AfA galt für bewegliche WG des Anlagevermögens, die zwischen 2009 - 2010 angeschafft wurden (§ 7 (2) EStG).

[50] Da immaterielle WG unkörperlich sind, gelten sie weder als „beweglich" noch als „unbeweglich". Hieraus folgt schließlich auch, dass die Sammelpostenabschreibung sowie die Sofortabschreibung von GWG (§ 6 (2), (2a) EStG) auf immaterielle WG keine Anwendung findet, vgl. a.a.O. Dies gilt im Übrigen auch für immaterielle VG in der Handelsbilanz.

[51] Der Teilwert ist der Wert, den ein Erwerber des ganzen Betriebs im Rahmen des Gesamtkaufpreises für das einzelne WG, unter Fortführungsprämisse, ansetzen würde, a.a.O.

[52] Auf immaterielle WG bezogen könnte hierfür z.B. ein neues Produktionsverfahren in Betracht kommen a.a.O.

[53] Die entsprechenden Regelungen finden sich im Falle der Teilwert AfA oder der außergewöhnlichen AfA jeweils im selben Gesetzestext.

[54] Der BFH verbietet jedoch die Anwendung des § 7g EStG für immaterielle WG (BFH v. 18.5.2011, BStBl II S. 865).

Abbildung 2: Abschreibung in Handels- und Steuerbilanz

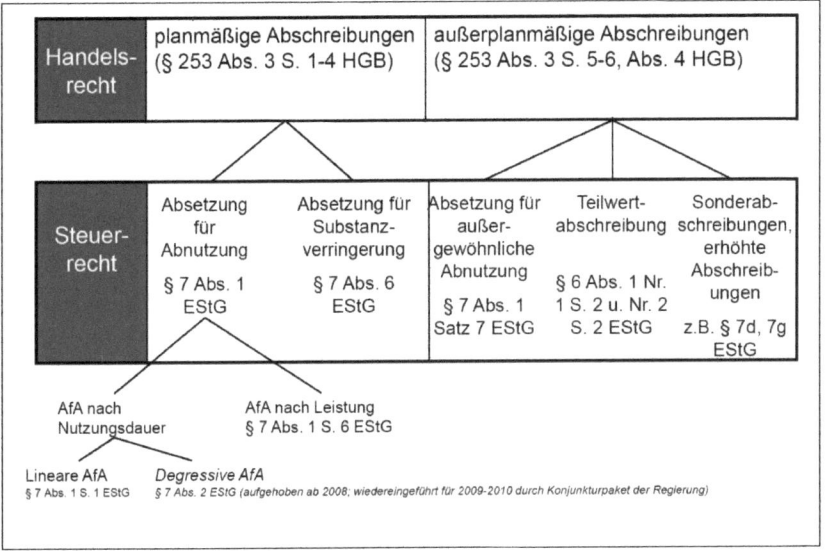

Quelle: Spohn (2016)

4 Ausblick

Die Beobachtungen haben gezeigt, dass es mitunter schwierig sein kann, bis ein immaterielles Gut, egal ob entgeltlich erworben oder selbst erstellt, seinen Richtigen Platz im Jahresabschluss gefunden hat. Vermag man allerdings einen Trend bei der Handelsgesetzgebung erkennen, so wird deutlich, dass selbsterstellten immateriellen VG eine immer größere Bedeutung zugesprochen wird.

Spannend bleibt die Frage inwiefern das Handels- und Steuerbilanzrecht in Zukunft nebeneinander anwendbar sind, wenn man bedenkt, dass das deutsche Handelsrecht sich immer mehr mit den „International Financial Reporting Standard (IFRS)" homogenisiert, deren Zwecke bekanntlich weit von einer Steuerbemessungsfunktion entfernt liegen.

5 Literaturverzeichnis

BFH v. 18.5.2011, (BStBl II S. 865).

BFH GrS 2/99 v. 7.8.2000, (BStBl II 00, 632, 635).

BFH v. 3.2.1969, (BStBl. II 1969, S. 291).

BMF v. 23.3.2013, (BStBl. I 2013, S. 296).

Gesetz zur Umsetzung der Richtlinie 2013/34/EU des Europäischen Parlaments und des Rates vom 26. Juni 2013 über den Jahresabschluss, den konsolidierten Abschluss und damit verbundene Berichte von Unternehmen bestimmter Rechtsformen und zur Änderung der Richtlinie 2006/43/EG des Europäischen Parlaments und des Rates und zur Aufhebung der Richtlinien 78/660/EWG und 83/349/EWG des Rates (Bilanzrichtlinie-Umsetzungsgesetz – BilRUG) v. 17.7.2015 (BGBl. I S. 1245).

Blümich, Walter und Heuermann, Bernd (2017): Einkommensteuergesetz, Körperschaftsteuergesetz, Gewerbesteuergesetz. EStG, KStG, GewStG ; Kommentar. Stand: Juni 2017 (137. Erg.-Lfg.), Vahlen: München.

Gesetz zur Modernisierung des Besteuerungsverfahrens (BilMoG) vom 18.7.2016 (BGBl. I S. 1695).

Grottel, Bernd u.a. (2016): Beck'scher Bilanz-Kommentar. Handels- und Steuerbilanz : §§ 238 bis 339, 342 bis 342e HGB. 10. Aufl., C.H. Beck: München.

Heinz, Carsten (2017): Intellectual Property als Werkzeug der Steueroptimierung bei M&A-Transaktionen. In: W.W. Kraft und A. Striegel (Hrsg.), WCLF Tax und IP Gesprächsband 2016. Immaterielle Werte als zentrale Komponente internationaler Steuerstrategien. Springer Fachmedien: Wiesbaden.

Ossola-Haring, Claudia (2013): Immaterielle Vermögensgegenstände in der Handels- und Steuerbilanz. Bilanzierungsfähigkeit - Wertansatz - Gewinnerhöhung. 1. Auflage, DATEV eG: Nürnberg.

Pelka, Jürgen u.a. (2017): Beck'sches Steuerberater-Handbuch 2017/2018. 16. Auflage, Verlag des Deutschen wissenschaftlichen Instituts der Steuerberater GmbH: Berlin / München.

Pricewaterhouse Coopers GmbH (URL2017): Potenzialanalyse: Wie digital sind die deutschen Mittelständler? PwC Wissen. https://www.pwc-wissen.de/pwc/de/shop/publikationen/Potenzialanalyse/?card=21209 (2. Oktober 2017).

Schildbach, Thomas u.a. (2013): handelsrechtliche Jahresabschluss. 10. Aufl., Verlag Wissenschaft & Praxis: Sternenfels.

Scholz, Marcus (2017): Vorlesungsskript Teil A: Bilanzierung und Finanzwirtschaft - GMT2110.

Spohn, Patrick (2016): Vorlesungsskript: Steuerbilanzrecht - TAX2031.

Stobbe, Thomas u.a. (2017): Steuern kompakt. 15. Aufl., Verlag Wissenschaft & Praxis: Sternenfels.